RÉPUBLIQUE FRANÇAISE

LIBERTÉ, ÉGALITÉ, FRATERNITÉ.

CERCLE

DÉMOCRATIQUE

ET

ASSOCIATION DE BIENFAISANCE

POUR LE CANTON DE PRIVAS.

ESTOTE FRATRES
IN UNUM.
Soyez frères.

PRIVAS,
GUIREMAND ET SAUZON, IMPRIMEURS.
1848.

Privas, imprimerie de veuve Guiremand.

RÉPUBLIQUE
FRANÇAISE

CERCLE

LIBERTÉ, ÉGALITÉ,
FRATERNITÉ.

DÉMOCRATIQUE

ET

ASSOCIATION DE BIENFAISANCE

POUR LE CANTON DE PRIVAS.

ESTOTE FRATRES
IN UNUM.
Soyez frères.

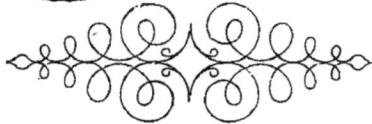

PRIVAS,
GUIREMAND ET SAUZON, IMPRIMEURS.
1848.

CERCLE

DÉMOCRATIQUE

ET

ASSOCIATION DE BIENFAISANCE

POUR LE CANTON DE PRIVAS.

ESTOTE FRATRES
IN UNUM.
Soyez frères.

PROGRAMME.

———————

Un cercle, sous la dénomination de CERCLE DÉ-
MOCRATIQUE, est fondé à Privas. Il est le centre d'une
ASSOCIATION DE BIENFAISANCE. Le Cercle et l'Association
forment une même SOCIÉTÉ.

L'esprit politique qui unit les membres de la Société est celui d'un inviolable dévouement à la forme
et aux institutions de la RÉPUBLIQUE DÉMOCRATIQUE. —
Leurs principes sociaux sont : Respect aux lois et à la
morale ; inviolabilité de la famille, de la propriété,
du droit ; sous les garanties suprêmes de la Liberté,

ORDRE et progrès pacifique ; contre l'oppression , RÉSIS-
TANCE ; toujours et envers tous, CHARITÉ. — Ils adoptent
comme résumant leur foi politique et sociale le dogme
évangélique et républicain : *Liberté, Égalité, Fraternité.*

L'Institution a pour but de mettre en rapport intime
les citoyens du canton de Privas , liés déjà par la con-
formité de leurs idées et de leurs sympathies , soit en
vue du charme quotidien d'une Société fraternelle ,
soit surtout afin de servir plus efficacement la cause
démocratique par la pratique en commun des devoirs
qu'ils s'imposent : — Devoirs de chaque associé envers
tous les autres , et de la société envers chacun d'eux ; —
devoirs envers leurs concitoyens non affiliés ; — devoirs supérieurs envers la République.

Les devoirs des associés entr'eux sont principalement
de rester étroitement unis dans le culte du principe
politique qui les relie, tolérants dans les opinions
secondaires ; — de s'instruire , conseiller, et exciter
mutuellement à la pratique du bien par les paroles et
par l'exemple dans la conduite politique et dans la vie
privée ; — de s'aider et secourir les uns les autres
dans les besoins et dans les dangers. — Ils doivent ré-
ciproquement se procurer, par des moyens loyaux et
sans nuire à personne , du travail , des pratiques , de
la clientèle. Cet office est particulièrement dû à ceux
d'entr'eux qui , à raison de leurs opinions ou de
leurs votes , sont exclus du service ou du patrona-
ge des ennemis de la République. Chaque associé

donne, à conditions égales, sa préférence aux autres membres, en ce qui concerne leur état ou leur industrie. — La Société doit à chacun de ses membres protection et assistance : chaque associé doit en retour s'efforcer de la faire honorer, grandir et prospérer. — Chacun fera abnégation de soi-même, de ses intérêts individuels, de ses passions personnelles, de ses haines, de ses jalousies, au profit de l'œuvre à la fois patriotique et humanitaire, poursuivie en commun.

Par les devoirs envers leurs concitoyens, les associés sont principalement obligés de donner de bons exemples de constance et de dévouement patriotiques, — de désintéressement, de loyauté, de courage et de modération dans l'action politique, — de respect envers l'autorité républicaine, — de probité, de délicatesse et de bonnes mœurs dans les relations privées, — de charité pratique, — de tolérance en politique et en religion, — d'esprit d'ordre, de paix et de longanimité.

Les devoirs envers la République commandent aux Associés de concerter leurs efforts pour assurer son triomphe définitif et le développement de ses institutions; — de la faire aimer au dehors en la faisant connaître par une propagande pacifique; — de dissiper, principalement dans les campagnes, les préventions répandues contre elle par l'erreur ou la mauvaise foi ; — de prouver qu'en elle seule sont les vrais principes d'ordre, de justice, de bien-être, de morale publique et privée, la protection la plus efficace de la religion, de la famille, de la propriété, et la garantie la plus sûre contre le retour des révolutions ; — de lutter sans pitié contre les attaques que lui livrent par la calomnie et par les influences illicites, l'esprit de réaction et les rancunes du privilége ; — de démasquer leurs manœuvres secrètes, et, s'il le fallait jamais, de combattre, au prix de tous les sacrifices, leurs entreprises ouvertes contre le principe même ou les institutions de la République démocratique, proclamée au nom de la France entière par l'unanimité de ses représentants.

RÈGLEMENT.

TITRE PREMIER.

DU CERCLE.

CHAPITRE PREMIER.

Organisation générale.

ART. 1er Pour faire partie du Cercle, il faut être républicain de cœur et d'ame, et dévoué à la cause démocratique, être âgé de 18 ans, jouir de ses droits civils et politiques, avoir son domicile ou sa résidence dans le canton de Privas.

Les étrangers au canton peuvent être admis membres honoraires.

ART. 2. Nul n'est admis au Cercle s'il n'est présenté par deux de ses membres. Le nom du postulant reste affiché pendant trois jours au moins dans la principale salle. Il est ensuite prononcé en assemblée sur son admission en la forme réglée par l'art. 73.

ART. 3. Tout associé adhère au règlement par sa signature. S'il ne sait signer, son adhésion résulte de la signature de deux agrégés qui en sont moralement responsables.

ART 4. Chaque membre titulaire est soumis à une contribution mensuelle de 1 fr. La contribution peut être moindre et s'abaisse jusqu'au minimun de 50 centimes, eu égard aux facultés de chacun et à sa possibilité de fréquenter plus ou moins habituellement le Cercle. La réduction est réglée sur la réclamation des intéressés, soit par le trésorier, soit, en cas de difficulté, par le conseil d'administration. Elle est demandée dans la 1re huitaine du mois, et à défaut le contingent entier est dû pour le mois complet.

Une fois réglée, la contribution reste la même jusqu'à nouvelle fixation. Elle est due à dater du premier jour du mois dans lequel a lieu l'admission, et payée périodiquement dans la première huitaine de chaque mois.

Les membres honoraires ne sont pas assujettis à la contribution. Leurs dons sont reçus et profitent à l'Association de Bienfaisance.

Art. 5. L'engagement est pour un an, à dater de l'admission.

Art. 6. Tout membre nouvellement admis paie, outre sa contribution ordinaire, une somme égale au montant d'un mois de cette contribution. Cette disposition n'aura son exécution qu'à dater du 1er janvier 1849.

Art. 7. Le Cercle est divisé en centuries, les centuries en décuries. Chaque division et subdivision se compose, autant que possible, des citoyens des mêmes localités et quartiers, ou des lieux voisins.

Art. 8. Les centuries et décuries sont composées et remaniées au besoin par le conseil d'administration ; leurs chefs sont réélus quand le conseil l'ordonne.

Les élections et réélections s'y font à la majorité relative.

ART. 9. Chaque Centurie comprend cent membres plus un chef, dit centurion, élu en assemblée des membres de la centurie, en tout cent un membres, sauf la dernière organisée, qui peut n'être pas complète, à défaut d'éléments suffisants. Chaque centurie prend le nom de son quartier, et se subdivise en dix décuries.

ART. 10. Les décuries sont composées chacune de dix membres, y compris leur chef respectif, appelé Décurion, et élu par la décurie à laquelle il appartient. Les dix décuries d'une même centurie ont chacune un numéro d'ordre joint au nom de la centurie.

ART. 11. L'action, les avis, les ordres descendent du fonctionnaire compétent aux centurions, de ceux-ci à leurs décurions, des décurions à leurs hommes. L'action remonte dans le même ordre.

Les centurions et les décurions ont chacun un carnet.

ART. 12. Chaque décurion exige et perçoit les contributions et amendes dues dans sa décurie; il les remet au centurion de qui il relève, et celui-ci les rend à leur destination définitive.

ART. 13. Les membres honoraires ne sont point divisés en centuries et décuries.

Ils ne peuvent être fonctionnaires du Cercle.

Ils ne sont convoqués aux réunions que lorsque le Conseil ou le Cercle le décident. Ils ont alors voix délibérative. Ils peuvent néanmoins assister aux séances.

Ils sont, en général, soumis aux mêmes devoirs
d'intérieur et d'extérieur que les titulaires, et assujettis aux mêmes peines.

CHAPITRE II.

Administration. — Bureau. — Conseil de discipline.

ART. 14. Le Cercle a un conseil d'administration
qui se compose ainsi qu'il suit : Un président, trois
vice-présidents, deux secrétaires, un trésorier et six
commissaires. Tous ces fonctionnaires ont en même
temps voix délibérative.

Ce Conseil est chargé collectivement de gérer l'administration du Cercle dans tous les détails de son action
intérieure et extérieure, dans tous ses intérêts, ses
relations et ses tendances, le règlement et l'emploi de
ses finances et la distribution des secours. Il passe les
beaux à ferme, décide des cas de résiliation, fait les
traités, transige ou juge s'il y a lieu de plaider. Il
prend, en un mot, toutes les décisions dans lesquelles
les intérêts collectifs de la Société sont engagés.

ART. 15. Les président, vice-présidents, secrétaires et trésorier sont nommés pour un an, les commissaires pour trois mois ; ils sont tous indéfiniment
rééligibles.

ART. 16. Le Conseil ne peut délibérer qu'en réunion de sept de ses membres au moins. Il décide à la

majorité absolue , et , s'il y a lieu , après deux tours de scrutin , à la majorité relative.

Il est tenu un registre de ses délibérations.

Art. 17. Le bureau des Assemblées est pris dans le Conseil. Il se compose du président , et en cas d'empêchement , d'un vice-président , des secrétaires et des commissaires. Il y a toujours au bureau au moins un secrétaire et quatre commissaires.

Art. 18. Les membres du bureau forment le conseil de discipline. Un vice-président y remplit les fonctions de rapporteur. Ni lui , ni le secrétaire n'y ont voix délibérative.

Art. 19. Outre les fonctions collectives des membres du conseil , chacun d'eux a , en outre , des attributions spéciales.

SECTION I.
Du Président.

Art. 20. Le Président a la direction , la présidence et la police du Conseil d'administration , du Bureau , du Conseil de discipline et des Assemblées.

Art. 21. Il veille à l'accomplissement des devoirs spéciaux des fonctionnaires et préposés.

Art. 22. Il réunit le conseil d'administration tous les mois au moins , pour arrêter les comptes et délibérer sur les intérêts communs.

Il réunit le conseil de discipline quand il y a lieu.

Art. 23. Dans les délibérations des conseils et du bureau , il a voix prépondérante en cas de partage.

Art. 24. Il ordonne les convocations en assemblée quand il le juge convenable, ou que les conseils d'administration ou de discipline le décident, chacun dans la spécialité de ses attributions.

Art. 25. Il fait tous les trois mois au moins un rapport en assemblée sur l'état de la Société.

Art. 26. Il est le mandataire et le représentant de la Société.

Art. 27. Il délivre les mandats de paiement sur le trésorier.

Art. 28. Il peut ordonner toute dépense qui n'excède pas dix francs, et toute dépense d'urgence plus considérable, sauf, dans ce dernier cas, à en rendre compte au conseil d'administration.

SECTION II.

Des Vice-Présidents.

Art. 29. Les vice-présidents remplacent, par rang d'âge, le président empêché, dans ses fonctions spéciales; et alors ils remplissent tous ses devoirs et jouissent des mêmes attributions.

Art. 30. Ils remplissent par rang d'âge les fonctions de rapporteur au conseil de discipline.

Les fonctions de rapporteur consistent à relever les infractions qui ne sont pas réprimées en flagrant délit dans les réunions, à informer sur elles, à faire le rapport sur les instructions, à accuser au besoin et à requérir l'application des peines.

Art. 31. Les vice-présidents tous empêchés sont remplacés par le trésorier, et ensuite par les commissaires dans l'ordre d'âge.

SECTION III.

Des Secrétaires.

Art. 32. Les secrétaires sont chargés de la tenue des registres du Cercle et de l'association de Bienfaisance, de l'expédition des circulaires, avis et convocations, de la rédaction des délibérations et procès-verbaux, et de toutes écritures. Ils tiennent les archives.

Ils s'entendent pour la répartition entr'eux de ces opérations.

Art. 33. Ils sont au besoin remplacés ou aidés par les commissaires dans l'ordre d'âge.

SECTION IV.

Du Trésorier.

Art. 34. Le trésorier tient la caisse. Il est chargé de tout ce qui concerne la perception et la manutention des deniers, et la comptabilité. Il reçoit les fonds recueillis par les centurions et tous autres.

Art. 35. Il est responsable des fonds qui lui sont confiés, sauf les cas de force majeure.

Art. 36. Il tient un journal par recette et dépense, dans lequel il inscrit ses recettes à la page à gauche, et ses dépenses à la page à droite; de manière à pouvoir toujours faire le solde en la forme usitée dans la balance.

Il tient aussi un grand livre pour ouvrir un compte à chaque nature de recette et de dépense.

SECTION V.

Des Commissaires.

ART. 37. Les commissaires ont pour mission spéciale de veiller au maintien de l'ordre et de l'exécution du règlement. Ils transmettent au rapporteur la connaissance des contraventions.

ART. 38. Dans les délibérations, les commissaires recueillent et recensent les votes.

ART. 39. Ils sont au besoin remplacés par les membres non fonctionnaires présents, dans l'ordre de leur âge.

ART. 40. Dans les assemblées, dans les solennités, et toutes les fois qu'ils peuvent avoir à exécuter une mesure d'ordre, ils portent au bras gauche, comme signe distinctif, un ruban tricolore.

CHAPITRE III.

PRATIQUE.

—

SECTION I.

Fréquentation du Cercle.

ART. 41. Dans le Cercle, les lois de la bienséance et de la tempérance seront strictement observées.

Les personnalités offensantes, les disputes, les manifestations bruyantes ou contraires à l'ordre et aux lois sont sévèrement interdites.

Art. 42. Les jeux d'un intérêt modéré sont seuls autorisés.

Nul ne doit, au Cercle et hors du Cercle, se livrer à des dépenses exagérées ou hors de proportion avec ses ressources.

Art. 43. La discrétion et la prudence sont au nombre des premiers devoirs. Cette règle est applicable à la conduite hors du Cercle

Art. 44. Chaque dimanche, le soir, durant une heure au moins, il sera fait lecture à haute voix, dans une salle particulière, aux membres peu instruits ou privés de loisirs durant les jours de travail, des articles les plus importants des journaux de la semaine, et un résumé des nouvelles de la même semaine relatives à la politique intérieure et extérieure.

Art. 45. Les étrangers sont admis au Cercle en compagnie d'un ou de plusieurs de ses membres, sans distinction d'opinion, de religion ou de croyance. Les personnes non résidant à Privas qui sont une fois admises au Cercle, peuvent continuer à le fréquenter tant que dure leur séjour dans cette ville.

Les associés s'engagent à n'amener au milieu d'eux que des citoyens paisibles et jouissant de l'estime publique.

SECTION II.

Assemblées.

Art. 46. Les associés se réunissent en assemblée aux jours et heures par eux fixés aux assemblées précédentes ou sur la convocation extraordinaire du Président, soit pour délibérer sur les intérêts collectifs, soit pour s'occuper de questions électorales.

Les discussions sur la politique générale, et tous discours pouvant transformer les réunions en club sont interdits.

Art. 47. Dans les cas exceptionnels où il y aurait lieu de se livrer à des discussions et à des délibérations purement politiques , l'objet de la réunion serait annoncé par des affiches à l'extérieur, et donné en communication au Maire de la ville et au Procureur de la République. Dans ce cas , les règles prescrites par la loi sur les clubs seraient exactement observées.

Art. 48. Nul ne peut, sans motif légitime , se dispenser d'assister aux réunions régulièrement fixées ou auxquelles il est convoqué.

Il est plus expressément prescrit d'être exact au lieu et à l'heure sur avis exprès *d'urgence*.

Cet article n'est point applicable aux membres honoraires.

Art. 49. Les assemblées, dans les cas autres que celui prévu par l'article 47 , se tiennent hors la présence de tout étranger, à moins d'une décision contraire du conseil d'administration.

Art. 50. Nulle proposition ne peut être faite qu'après avoir été déposée par écrit entre les mains d'un secrétaire. Elle reste affichée dans le Cercle pendant trois jours, avant d'être présentée à l'assemblée.

Toutefois l'assemblée peut déclarer l'urgence sur une proposition immédiatement faite par écrit et signée par dix membres. L'urgence étant déclarée, l'assemblée fixe le moment où la proposition sera mise en délibération ; il peut y être procédé séance tenante.

Art. 51. Le Président ayant déclaré la séance ouverte, chacun fait silence à l'instant et se place sans bruit, à peine d'amende.

Le bureau prend place.

Art. 52. Il est procédé d'abord à l'appel nominal par un secrétaire. Les absents sont notés.

Art. 53. Un secrétaire lit le procès-verbal de la séance précédente s'il en a été tenu, à moins qu'il n'en soit autrement décidé par l'assemblée.

Art. 54. Le Président fait tous exposés, rapports et discours.

Art. 55. Il règle l'ordre de la délibération. Si un autre ordre est réclamé par un membre, le bureau en délibère et décide à la majorité.

Art. 56. La question préalable sur une proposition est de droit la première discutée et vidée.

Art. 57. L'ordre du jour proposé vient en seconde ligne.

Art. 58. Sur toute question le rappel au règlement a de droit la priorité.

2

ART. 59. Nul ne prend la parole si elle ne lui est accordée par le Président.

ART. 60. La parole est accordée, autant que possible, suivant l'ordre des inscriptions reçues par les secrétaires avant la séance, et ensuite, dans l'ordre des demandes oralement faites durant la séance.

ART. 61. La parole est toujours accordée, après l'orateur qui la tient, à celui qui la demande pour une question personnelle.

ART. 62. Le Président peut retirer ou refuser la parole. Celui à qui la parole est refusée ou retirée peut en appeler au bureau, qui décide à l'instant.

ART. 63. Nul n'a droit à la parole plus de trois fois sur le même sujet.

ART. 64. Nul ne l'obtient, s'il est visiblement hors de sang froid ou en état d'irritation ou de colère.

ART. 65. La clôture demandée est prononcée, si personne ne s'y oppose.

ART. 66. La parole est toujours accordée contre la clôture.

ART. 67. En cas d'opposition à la clôture, elle est mise aux voix.

ART. 68. Durant les discours, lectures ou délibérations, toute rumeur, toute conversation bruyante, toute marque pénible d'improbation sont interdites.

ART. 69. Les interruptions sont également défendues si ce n'est pour demander la parole ou le rappel à l'ordre ou au règlement.

Une exclamation simple et sans cri, un mot d'approbation ne sont pas des interruptions prohibées.

Art. 70. Sont absolument interdites la violence dans le langage, les paroles ou les allusions blessantes contre les présents et surtout contre les absents, associés ou étrangers.

Art. 71. Les propositions sont mises aux voix par le président, et résolues par main levée.

Le bureau décide de la majorité.

S'il déclare qu'il y a doute, il est procédé au scrutin.

Art. 72. Il est procédé au scrutin secret lorsqu'il est demandé par cinq membres.

C'est de droit en cette forme qu'il est procédé aux admissions et exclusions des associés, et aux nominations des fonctionnaires ou des commissions.

Art. 73. Les décisions de l'assemblée et celles du bureau sont prises à la majorité absolue.

Par exception : 1° les nominations des fonctionnaires ou des membres des commissions ont lieu à la majorité relative; 2° l'exclusion d'un associé ne peut être prononcée qu'au 2/3 des suffrages. S'il y a lieu à délibérer sur une question d'exclusion , il ne peut être procédé qu'en réunion de la moitié au moins des membres qui ont droit d'en faire partie.

Art. 74. Une question résolue par le vote peut être reprise dans la même séance sur la demande de la majorité des membres présents. Elle peut être reproduite dans les séances suivantes en la forme ordinaire des propositions. Si elle est résolue deux fois dans le même sens, elle ne pourra être présentée de nouveau qu'après un délai de deux mois , à moins qu'avant l'expiration de ce temps, elle ne soit proposée par écrit et signée de la moitié au moins des membres du Cercle.

Art. 75. Il est tenu procès-verbal de chaque séance, à moins que l'assemblée ne décide autrement.

Art. 76. Toute décision prise en assemblée du Cercle devient obligatoire pour chacun des ses membres autres que les honoraires , sous les peines prononcées par l'article 95.

SECTION III.

Conduite hors du Cercle.

Art. 77. Hors du Cercle et dans la vie civile, chacun se montrera rigoureux observateur des devoirs compris dans le programme. Celui-là usurpe le titre de Républicain qui ne le justifie pas par la pratique des vertus républicaines.

Art. 78. Celui qui serait publiquement l'objet d'une injure ou diffamation dont il pourrait faire la preuve, et qui renfermerait une imputation déshonorante, sera tenu d'en poursuivre la réparation en justice.

S'il ne peut faire face aux frais de poursuites, la société lui prêtera aide et appui , à moins qu'elle n'ait la preuve ou la conviction que l'imputation est fondée.

Art. 79. Chacun est tenu d'informer le Président ou les membres du conseil d'administration de ce qu'il apprend intéressant le corps.

Art. 80. Il ne pourra être procédé entre associés à nulle citation en justice ni même en conciliation, à aucun commandement ou acte d'exécution, à aucune plainte ou dénonciation judiciaire ou administrative, qu'après que le sujet de la réclamation ou de la plainte aura été l'objet d'une première tentative de conciliation en famille devant le conseil de discipline. Le Président, averti par le plaignant ou le réclamant, donnera immédiatement avis aux partis de se présenter, avec titres et pièces s'il y a lieu, devant le conseil, à jour et heure déterminés, dans un délai prochain. A défaut de comparution des parties ou de conciliation effective, il pourra être procédé aux poursuites, plaintes ou exécutions.

Les parties qui ne comparaîtraient pas au tribunal de famille seraient passibles des peines portées en l'article 94.

Les protêts, actes conservatoires ou comminatoires et procédures urgentes ne seront pas compris dans les dispositions du présent article. Toutefois, il n'y sera donné suite devant les tribunaux qu'après observation de la formalité ci-dessus prescrite.

Art. 81. Aucun duel n'aura lieu entre associés; et tout au moins il sera procédé de la formalité prescrite en l'article 79, sous les peines y indiquées.

Art. 82. Chacun est tenu de déférer loyalement aux avis exprimés par le conseil de discipline, dans les cas prévus par les deux articles précédents.

Art. 83. Lorsqu'un membre du Cercle décède, les

autres membres résidant au lieu du décès assistent à ses funérailles.

CHAPITRE III.

Police et Discipline.

Art. 84. Les infractions aux principaux devoirs d'intérieur et d'extérieur entraînent des peines.

Ces peines sont, suivant la gravité des cas, l'amende simple, l'amende avec réprimande, l'exclusion.

Les amendes profitent à l'association de Bienfaisance.

Art. 85. Les condamnations sont notées sommairement sur le registre du conseil de discipline, et signées par le président et le secrétaire.

Art. 86. Les contraventions commises en réunion peuvent être réprimées séance tenante.

Art. 87. Le Président prononce seul et en assemblée les amendes simples définies par les art. 90 et 91.

En ce cas, le condamné a le droit d'en appeler au bureau. Il doit, à peine de déchéance, protester séance tenante, s'il est présent, et, en cas d'absence, à la première assemblée à laquelle il lui sera donné connaissance de la décision.

Art. 88. Hors les cas prévus par les articles 86 et 87, les amendes avec réprimande sont prononcées par le conseil en réunion particulière, l'inculpé entendu ou dûment appelé. S'il y a condamnation elle est annoncée dans l'assemblée qui suit.

ART. 89. L'exclusion ne peut être prononcée que par l'assemblée, conformément aux articles 72 et 73.

ART. 90. Seront punis d'une amende simple égale au moins au quart et au plus à la moitié de leur contribution mensuelle :

1° Ceux qui, dans une assemblée générale, prendraient la parole sans l'avoir obtenue, ou la conserveraient après qu'elle leur aurait été retirée ;

2° Ceux qui, durant une séance, se livreraient à une interruption, ou qui, d'une manière quelconque, troubleraient le silence ou l'ordre d'une discussion ou d'une délibération ;

3° Ceux qui y commettraient une inconvenance, ou qui s'y livreraient à une personnalité ou à une allusion blessante, sans aller jusqu'à l'injure ;

4° Ceux qui se présenteraient au Cercle, même hors le cas d'une assemblée, ou s'y mettraient dans un état contraire à la bienséance ou à la tempérance ; ceux qui y occasionneraient du trouble sans résultat sérieux, y engageraient une dispute, ou s'y livreraient à des manifestations bruyantes ou désordonnées ;

5° Les agrégés, autres que les membres honoraires, qui, convoqués en assemblée, y feraient défaut sans motifs légitimes.

ART. 91. Seront punis d'une amende simple égale au moins à la moitié et au plus à la totalité de leur contribution mensuelle :

Ceux qui, condamnés deux fois dans le mois pour une des contraventions prévues en l'article précédent, commettraient pour la 3me fois, dans le même mois, la même ou une autre contravention de la même catégorie.

Art. 92. Seront punis de la réprimande et d'une amende égale au moins à la totalité et au plus au triple de leur contribution mensuelle :

1° Ceux qui seraient condamnés par les tribunaux pour un fait de simple police, contre l'ordre, les personnes ou les propriétés ;

2° Ceux qui dirigeraient une injure ou une menace contre un affilié dans l'enceinte du Cercle ;

3° Ceux qui, chargés d'une mission, ne s'en acquitteraient pas à temps ou convenablement, sans excuse ou empêchement légitime ;

4° Ceux qui sans son aveu, présenteraient un candidat au Cercle ou à l'Association de Bienfaisance;

5° Ceux qui, par actions, par paroles ou d'une manière quelconque, tourneraient en plaisanterie ou en dérision la société ou les droits et devoirs compris dans ses statuts.

6° Ceux qui emporteraient même momentanément les journaux ou écrits qui doivent rester dans le Cercle.

Art. 93. Seront punis de la réprimande et d'une amende égale au moins à trois fois, au plus à six fois leur contribution mensuelle :

1° Ceux qui seraient condamnés correctionnellement pour un fait contraire à l'ordre public, ou portant atteinte aux personnes ou aux propriétés, sans entâcher l'honneur ou la délicatesse ;

2º Ceux qui, dans le Cercle ou au dehors, commettraient une faute capable de nuire à leur considération, sans toutefois impliquer l'improbité, l'indélicatesse ou le déshonneur;

3º Ceux qui, dans le Cercle, injurieraient ou menaceraient une personne étrangère à la Société;

4º Ceux qui, hors du Cercle, négligeraient de secourir tout associé ayant besoin de son assistance et la réclamant.

ART. 94. Seront punis de la réprimande et d'une amende égale au moins à 6 fois et au plus à 12 fois leur contribution mensuelle :

1º Ceux qui contreviendraient aux articles 80 et 81, relatifs aux procès et aux duels;

2º Ceux qui refuseraient de déférer aux avis du Conseil de discipline, dans les cas prévus par les dispositions rappelées en l'article précédent, ou de se soumettre aux autres décisions prononcées conformément au règlement.

3º Ceux qui par faiblesse, imprudence et surtout mauvais vouloir, compromettraient le succès d'une mesure décidée par l'Assemblée, ou entraveraient son action.

ART. 95. Pourront être frappés des peines prononcées par l'article précédent et même d'exclusion, ceux qui ne seraient pas exacts à une convocation d'urgence, sans empêchement suffisant, ou qui enfreindraient la disposition portée en l'art. 76.

ART. 96. Pourront être exclus de la Société :

1º Ceux qui trahiraient ou renieraient la cause commune ou celle de la République ;

2º Ceux qui , après une première condamnation pour refus de se soumettre à une décisiou régulièrement prononcée , s'obstineraient dans l'insubordination ;

3º Ceux qui, après l'expiration du mois de l'exigibilité; et après deux avis du trésorier , ne payeraient pas leur contribution mensuelle ou les amendes prononcées contr'eux ;

4º Ceux qui pousseraient à la sédition ou à l'anarchie ; qui, par discours publics ou tenus en assemblée de la Société , ou par publications écrites , attaqueraient les principes insérés dans le programme.

5º Ceux qui seraient convaincus de toute faute contre l'honneur , de tout acte d'inhumanité , d'ingratitude ou d'usure , de dureté envers les malheureux , les domestiques , les ouvriers , les enfants et les femmes ;

6º Ceux qui seraient condamnés par les tribunaux pour faits d'improbité ou d'indélicatesse , pour calomnie , outrage aux mœurs , rébellion ou attaque à l'autorité républicaine , offense envers les cultes ou contre qui serait prononcé un jugement de séparation de corps.

ART. 97. Comme il n'est pas sans exemple que des condamnations judiciaires soient le résultat de l'erreur ou de toute autre cause capable de vicier les jugements humains , le membre , à qui il serait fait grief d'une condamnation en justice , pourrait soumettre la procédure à la révision du conseil de discipline, qui, après examen, déciderait s'il y a lieu de le poursuivre à raison de cette décision.

Art. 98. Quiconque, dans les trois mois d'une ou plusieurs condamnations à l'amende prononcées en exécution des art. 92 et suivants, encourrait une nouvelle condamnation pécuniaire pour faits prévus dans lesdits articles, encourrait chaque fois, outre la peine méritée par le fait actuel, une amende égale au montant de toutes celles qu'il aurait subies dans le même trimestre par application des mêmes dispositions.

TITRE II.

DE L'ASSOCIATION DE BIENFAISANCE.

Art. 99. Les citoyens agrégés au Cercle s'unissent en même temps en *association de bienfaisance*.

Art. 100. *L'association* se compose en outre des citoyens du canton qui ne pouvant, pour une cause quelconque, s'incorporer au Cercle, désirent encourager son œuvre de charité et s'y associer par leur concours. Ceux-ci prennent la qualification *d'associés externes*.

Art. 101. L'admission des associés externes peut être prononcée dans les assemblées particulières du Cercle, en la forme usitée. En cas de rejet par le Cercle, la question d'admission est de droit portée en assemblée générale de tous les associés.

Les conditions d'admission sont les mêmes pour les associés externes que pour les internes. Ils sont également divisés en centuries et en décuries, se dirigeant et se mouvant de la même manière.

Art. 102. *L'association* est fondée dans le but de venir en aide à l'indigence et au malheur, par l'assistance directe donnée aux invalides, par le travail procuré à ceux qui peuvent s'y livrer.

Art. 103. Il est prélevé de droit pour l'œuvre de l'association, vingt centimes sur la contribution mensuelle des membres du Cercle. Si après ce prélèvement leur contribution ne suffit pas pour faire face aux frais et dépenses du Cercle, il y est pourvu par une contribution extraordinaire ou par une souscription.

Les associés externes paient au moins vingt centimes par mois.

Les amendes, les dons, les collectes et tous les fonds de la société, après le solde des frais, profitent exclusivement à l'association de bienfaisance.

Art. 104. Les secours sont départis aux nécessiteux, sans acception de religion, d'opinions ou de croyances, et sous l'exclusive considération du besoin.

Ils sont dus, en première ligne, aux membres de la société frappés par le malheur, et à leur famille.

Art. 105. Le conseil d'administration remplit les fonctions de commission de bienfaisance.

Art. 106. Les membres de la société et principalement ses fonctionnaires doivent rechercher et indiquer à la commission les citoyens ou familles à secourir. Ils recherchent aussi et lui font connaître, surtout en temps de misère ou de chômage, les lieux et maisons où il peut être donné du travail.

Art. 107. La commission, suivant les facultés disponibles de l'association, distribue de l'argent, des vêtements, aliments ou autres objets en nature, assigne le travail, s'attache, en employant de préférence l'office gratuit des associés, chacun selon son état, à procurer des conseils et des moyens de défense aux pauvres, aux orphelins, aux veuves, et à pourvoir les mineurs délaissés, de tuteurs, subrogés-tuteurs et administrateurs, qui, à défaut de parents, sont pris parmi les membres de la société. Elle pourvoit en un mot à tous les cas de charité

Art. 108. Lorsque des associés externes désirent fréquenter le Cercle, le Président, à leur demande, note sur leur carte l'époque jusqu'à laquelle ils peuvent habituellement le fréquenter.

Art. 109. Ils sont de droit admis aux séances d'instruction et de lecture qui se tiennent chaque dimanche.

Art. 110. Ils sont convoqués en assemblée générale de la société, quand le Président ou la commission le décident, en la forme réglée pour le Cercle.

Ils sont nécessairement appelés aux assemblées où il doit être délibéré sur une question personnelle à l'un d'eux, telle que l'exclusion, et sur tout objet concernant l'entière société.

Le Cercle statue seul dans les autres cas.

Art. 111. Les externes signent comme les internes le programme et le règlement.

Art. 112. Ils sont astreints aux mêmes devoirs que les internes à l'intérieur et à l'extérieur, et sujets aux mêmes peines en cas de contravention. Ils sont notamment obligés : 1° d'obéir exactement aux convocations, soit simples soit d'urgence ; 2° de se conformer aux décisions prises par les assemblées générales auxquelles ils auront été convoqués.

Art. 113. Les conseils d'administration et de discipline, le bureau, et tous les fonctionnaires du Cercle étendent leurs pouvoirs et juridiction sur les associés externes. Ceux-ci participent à leur nomination et à leur remplacement.

TITRE III.

Dispositions Communes.

Art. 114. Toutes les fonctions ou mandats, quoique déférés pour une période déterminée, peuvent être retirés avant le terme de cette période, sur la proposition de la moitié au moins des membres de qui relèvent ces pouvoirs, et à condition qu'elle soit adoptée par les deux tiers des délibérants. Les conseils, bureau ou commissions ne peuvent être renouvelés qu'en totalité, jamais partiellement.

Art. 115. Dans tous les cas non prévus par le règlement, et dans ceux où l'un des pouvoirs, chacun en ce qui le concerne, rencontrerait une difficulté d'interprétation des dispositions écrites, la question serait portée en assemblée générale de la société ou en réunion particulière du Cercle, suivant le caractère général ou particulier de la question.

Art. 116. Nulle proposition ayant pour objet des modifications, additions ou retranchements aux statuts, ne peut être mise en délibération, si elle n'émane de cinquante membres de la société.

FIN.

Privas, Imprimerie de Vᵉ Guiremand.

www.ingramcontent.com/pod-product-compliance
Lightning Source LLC
Chambersburg PA
CBHW060803280326
41934CB00010B/2539